Stories in easy Spanish
Level A1-A2 - Book 1
- WITH AUDIO -

Created for learners of Spanish as a foreign language

Download your audio:

Step 1: Go to Esidioma.com/extras

Step 2: Use the following code:

Wzesa

Do you need help? Contact us: info@Esidioma.com

esidioma.com

Índice

Learn Spanish with us!
If you want to improve your language skills,
we have all you need

Copyright © Esidioma
Texts: José Antonio Santiago
Design: Esidioma Team
Images: pexels.com
ISBN - 978-84-16971-78-7
Legal Deposit - AS 02212-2024

El cuervo y el queso
The crow and the cheese

Vocabulario

1.	bosque	forest
2.	rama	branch
3.	árbol	tree
4.	cuervo	crow
5.	queso	cheese
6.	pico	beak
7.	estar contento	to be happy
8.	encontrar	to find
9.	cenar	to have dinner
10.	pensar	to think
11.	escarabajo	beetle
12.	mosca	fly (animal)
13.	tener suerte	to be lucky
14.	tener hambre	to be hungry
15.	pájaro	bird
16.	mundo	world
17.	ojo	eye
18.	ala	wing
19.	cantar	to sing
20.	tener razón	to be right
21.	ser amable	to be kind
22.	mañana	morning
23.	sonido	sound
24.	trozo	piece
25.	oler	to smell

El cuervo y el queso

En el bosque, en la rama de un árbol, hay un cuervo. Tiene un trozo de queso en el pico. El queso huele muy bien. El cuervo está contento porque es la primera vez que encuentra queso en el bosque.

"¡Qué bien voy a cenar hoy!", piensa el cuervo. "Siempre como escarabajos y moscas, pero hoy va a ser diferente. ¡Qué suerte tengo!"

En ese momento, un zorro pasa por debajo del árbol. Ve al cuervo con el queso en el pico. El zorro tiene mucha hambre y quiere el queso.

The crow and the cheese

In the forest, on a tree branch, there is a crow. He has a piece of cheese in his beak. The cheese smells very good. The crow is happy because it is the first time he finds cheese in the forest.

"What a nice dinner I'm going to have today!" thinks the crow. "I always eat beetles and flies, but today is going to be different. I'm so lucky!"

At that moment, a fox passes under the tree. He sees the crow with the cheese in its beak. The fox is very hungry and wants the cheese.

Los zorros son animales muy inteligentes. El zorro sabe que a los cuervos les gustan los cumplidos. Así que mira al cuervo y le dice:

—¡Oh, mi querido cuervo! ¡Eres el pájaro más hermoso del mundo! ¡Qué ojos tan bonitos tienes! ¡Qué patas tan largas! ¡Qué alas tan negras! ¡Qué pico tan grande! ¡Seguro que puedes cantar como un ruiseñor!

—Sí, el zorro tiene razón —piensa el cuervo—. Soy un pájaro muy hermoso. Tengo unas alas preciosas. Mis patas son largas y elegantes. Y tengo un pico maravilloso. ¡Qué palabras tan agradables dice el zorro! Es muy amable.

—¡Oh, querido cuervo! —continúa el zorro—. Creo que cantas de maravilla. Los ruiseñores cantan bien, pero tienen un pico muy pequeño. Tu pico es grande y bonito. Estoy seguro de que puedes cantar bastante mejor que un ruiseñor. ¡Canta, por favor! ¡Canta!

Foxes are very intelligent animals. The fox knows that crows like compliments. So he looks at the crow and says:

"Oh, my dear crow! You are the most beautiful bird in the world! What beautiful eyes you have! What long legs! What black wings! What a big beak! You sure can sing like a nightingale!"

"Yes, the fox is right," thinks the crow. "I'm a very beautiful bird. I have beautiful wings. My legs are long and elegant. And I have a wonderful beak. What nice words the fox says! He is very kind."

"Oh, dear crow!" the fox continues. "I think you sing wonderfully. Nightingales sing well, but they have a very small beak. Your beak is big and pretty. I'm sure you can sing a lot better than a nightingale. Sing, please! Sing!"

—Es verdad —piensa el cuervo—. ¿Por qué yo nunca canto? El ruiseñor canta cada mañana. Todos los animales del bosque lo escuchan. Y dicen que canta muy bien. Pero yo también puedo cantar así. Su pico es muy pequeño y el mío es grande y hermoso. ¡Yo puedo cantar mejor que él!

Entonces, el cuervo abre el pico para cantar. En lugar de música, se oye un sonido horrible:

—¡Carrrr, carrrr! —.

Cuando el cuervo abre el pico, el queso cae al suelo. El zorro coge el queso y se lo come con una sonrisa. Y el pobre cuervo se queda sin nada.

"It's true," thinks the crow. "Why don't I ever sing? The nightingale sings every morning. All the animals in the forest listen to him. And they say he sings very well. But I can also sing like that. His beak is very small, and mine is big and beautiful. I can sing better than him!"

Then, the crow opens its beak to sing. Instead of music, a horrible sound is heard:

"Karrrr, karrrrr!"

When the crow opens its beak, the cheese falls to the ground. The fox takes the cheese and eats it with a smile. And the poor crow is left with nothing.

Ejercicios

1 Pon las frases en el orden correcto:
Put the sentences in the correct order:

1. El queso cae al suelo y el zorro se lo come.
2. El cuervo quiere cantar y se oye: "¡Carrr!"
3. El zorro ve al cuervo con el queso en el pico.
4. El pobre cuervo se queda sin nada.
5. El cuervo encuentra el queso.
6. El zorro le dice al cuervo unos cumplidos.

2 ¿Verdadero (V) o falso (F)?
True or false?

1. El cuervo encuentra el queso en el bosque cada mañana.
2. Al zorro le gustan los cumplidos.
3. El cuervo siempre come escarabajos y moscas.
4. El zorro tiene mucha hambre.
5. El zorro piensa que el cuervo es el pájaro más hermoso del mundo.
6. El ruiseñor canta muy bien.

3 Completa las frases con las siguientes palabras:
Complete the sentences using the following words:

trozo / alas / sonrisa / rama /
mejor / animales

1. El cuervo tiene patas largas y _____ negras.
2. El zorro come el queso con una _____ .
3. Los zorros son _____ muy inteligentes.
4. El cuervo cree que puede cantar _____ que un ruiseñor.
5. El cuervo tiene un _____ de queso en el pico.
6. Hay un cuervo en la _____ de un árbol.

4 Combina las columnas:
Combine both columns:

1. El cuervo encuentra el queso y está   a. pequeño
2. Los ruiseñores tienen un pico muy   b. horrible
3. El ruiseñor canta cada   c. cumplidos
4. En lugar de música se oye un sonido   d. mañana
5. El zorro dice muchos   e. árbol
6. Un zorro pasa por debajo del   f. contento

Soluciones

Ejercicio 1: El orden correcto es 5, 3, 6, 2, 1, 4
Ejercicio 2: 1–F, 2–F, 3–V, 4–V, 5–F, 6–V
Ejercicio 3: 1–alas, 2–sonrisa, 3–animales, 4–mejor,
5–trozo, 6–rama
Ejercicio 4: 1–f, 2–a, 3–d, 4–b, 5–c, 6–e

La vieja y el pez
The old woman and the fish

14

Vocabulario

1.	pueblo	town, village
2.	orilla	shore
3.	mar	sea
4.	pareja	couple
5.	anciano	old man
6.	pescar	to fish
7.	pez	fish
8.	extraño	strange
9.	red	net
10.	de repente	suddenly
11.	cumplir un deseo	to fulfil a wish
12.	milagro	miracle
13.	desaparecer	to disappear
14.	gritar	to yell
15.	vaca	cow
16.	suficiente	enough
17.	palacio	palace
18.	castillo	castle
19.	furioso	furious
20.	reina	queen
21.	desear	to wish
22.	ropa	clothes
23.	vestido	dress
24.	trabajar	to work
25.	estúpido	stupid

La vieja y el pez

En un pueblo a la orilla del mar, vive una pareja de ancianos. La mujer trabaja en casa y el hombre va a pescar todos los días. Un día, el hombre ve un pez muy extraño en su red. De repente, el pez empieza a hablar:

—¡Hola, buen hombre! No soy un simple pez. Soy la reina de los mares. Déjame ir. Puedo cumplir todos tus deseos. ¿Qué cosas deseas?

"¡Esto es un milagro!", piensa el anciano. "Este pez puede hablar". Entonces, coge al pez con cuidado y lo suelta al mar. Le dice al pez:

—Vuelve a casa, pececito. No quiero nada. Tengo todo lo que necesito.

The old woman and the fish

In a town by the seashore lives an elderly couple. The woman works at home, and the man goes fishing every day. One day, the man sees a very strange fish in his net. Suddenly, the fish begins to speak:

"Hello, good man! I'm not a simple fish. I'm the queen of seas. Let me go. I can fulfill all your wishes. What things do you wish for?"

"This is a miracle!" thinks the old man. "This fish can talk." So, he picks up the fish carefully and frees it into the sea. He tells the fish:

"Go back home, little fish. I don't want anything. I have everything I need."

El pez le da las gracias y desaparece en el mar. El anciano recoge la red y se va. Cuando llega a casa, cuenta la historia a su mujer. La anciana le grita:

—¡Qué estúpido eres! ¿Por qué dices que no necesitamos nada? Mira qué ropa más vieja tengo. No tengo nada bonito. ¡Ve y pide un vestido bonito!

El viejo vuelve a la orilla del mar y llama a la reina de los mares. Al poco tiempo, aparece el pez. Entonces, el anciano cuenta lo que ha ocurrido.

—No te preocupes. Tu mujer tendrá un vestido— dice el pez.

Cuando el hombre llega a casa, encuentra a su mujer con un hermoso vestido. Pero la anciana no está contenta. Ahora también quiere una vaca.

El hombre siempre quiere ver a su mujer contenta. Así que va al mar de nuevo y pide al pez una vaca.

The fish thanks him and disappears into the sea. The old man picks up the net and leaves. When he gets home, he tells the story to his wife. The old woman yells at him:

"How stupid you are! Why do you say that we don't need anything? Look what old clothes I have. I don't have anything nice. Go and ask for a nice dress!"

The old man returns to the seashore and calls the queen of the seas. Soon after, the fish appears. Then, the old man tells what has happened.

"Don't worry. Your wife will have a dress," says the fish.

When the man comes home, he finds his wife in a beautiful dress. But the old woman is not pleased. Now she also wants a cow.

The man always wants to see his wife happy. So he goes to the sea again and asks the fish for a cow.

—De acuerdo —dice el pez—. Vete a casa. La anciana tendrá una vaca.

Pero en casa, la mujer no tiene suficiente. Por eso, el hombre le pide al pez una casa nueva, luego un palacio, después un castillo,... Pero la vieja quiere más y más cosas. Entonces, la vieja dice:

—¿Por qué este pez es la reina? Yo quiero ser la reina de los mares.

El hombre va como siempre a hablar con el pez. Pero, esta vez, el pez no responde nada y desaparece en el mar para siempre. El anciano vuelve a casa y encuentra a su mujer furiosa. No tiene nada: ni vestido, ni palacio, ni vaca.

"Fine," says the fish. "Go home. The old woman will have a cow."

But at home, the woman doesn't have enough. That's why the man asks the fish for a new house, then a palace, then a castle,... But the old woman wants more and more things. Then, the old lady says:

"Why is this fish the queen? I want to be the queen of the seas."

As always, the man goes to talk to the fish. But, this time, the fish doesn't reply anything and disappears into the sea forever. The old man gets back home and finds his wife furious. She doesn't have anything: neither dress, nor palace, nor cow.

Ejercicios

1 Pon las frases en el orden correcto:
Put the sentences in the correct order:

1. El anciano vuelve a casa y le cuenta la historia a su mujer.
2. La mujer pide un vestido bonito y luego una vaca.
3. El hombre suelta el pez al mar.
4. La vieja quiere más y más cosas.
5. El hombre anciano ve un pez muy extraño en su red.
6. El pez desaparece en el mar para siempre.

2 ¿Verdadero (V) o falso (F)?
True or false?

1. El hombre va a pescar todos los días.
2. La mujer tiene un vestido hermoso y está contenta.
3. El pez dice que es la reina de los mares.
4. El anciano quiere un palacio.
5. El hombre quiere ver a su mujer contenta.
6. La anciana dice que no quiere nada.

3 Completa las frases con las siguientes palabras:
Complete the sentences using the following words:

nada / furiosa / orilla
red / gracias / responde

1. Una pareja vive en un pueblo a la _____ del mar.
2. El anciano ve un pez muy extraño en su _____ .
3. La mujer dice que no tiene _____ bonito.
4. El anciano suelta el pez al mar. El pez le da las _____ .
5. El pez no _____ nada y desaparece en el mar.
6. El hombre encuentra a su mujer _____ .

4 Combina las columnas:
Combine both columns:

1. El hombre tiene todo lo que   a. deseos
2. El pez puede cumplir los   b. suficiente
3. El anciano coge al pez con   c. mar
4. La mujer no tiene   d. siempre
5. El hombre suelta al pez al   e. necesita
6. El pez desaparece en el mar para   f. cuidado

Soluciones

Ejercicio 1: El orden correcto es 5, 3, 1, 2, 4, 6
Ejercicio 2: 1–V, 2–F, 3–V, 4–F, 5–V, 6–F
Ejercicio 3: 1–orilla, 2–red, 3–nada, 4–gracias,
5–responde, 6–furiosa
Ejercicio 4: 1–e, 2–a, 3–f, 4–b, 5–c, 6–d

Un paisaje bonito
A beautiful landscape

Vocabulario

1. paisaje	landscape
2. selva	jungle
3. elefante	elephant
4. lápiz	pencil
5. pintar	to paint
6. cuadro	painting
7. lago	lake
8. río	river
9. sueño	dream
10. museo	museum
11. exposición	exhibition
12. participar	to take part
13. cocodrilo	crocodile
14. mono	monkey
15. plátano	banana
16. palmera	palm tree
17. planeta	planet
18. nieve	snow
19. pingüino	penguin
20. cerdo	pig
21. barro	mud
22. miel	honey
23. oso	bear
24. sol	sun
25. mejor	better

Un paisaje bonito

En la selva, vive un elefante. Le gusta mucho pintar. Tiene todo tipo de pinturas y lápices de colores. Le encanta pintar paisajes.

Aquí tenemos un cuadro de su bosque favorito. Aquí está un lago y un río. Y este es su nuevo cuadro: árboles muy altos, un cielo azul y un sol brillante. El elefante tiene un sueño: quiere ver sus cuadros en un museo o en una exposición.

"Este es mi mejor cuadro. Puede participar en una exposición", piensa el elefante. "Me gustaría saber qué piensan mis amigos de este cuadro". Por eso, invita a unos amigos a visitarle.

A beautiful landscape

In the jungle lives an elephant. He likes painting a lot. He has all kinds of paints and colored pencils. He loves painting landscapes.

Here we have a painting of his favorite forest. Here is a lake and a river. And this is his new painting: very tall trees, a blue sky and a bright sun. The elephant has a dream: he wants to see his paintings in a museum or at an exhibition.

"This is my best painting. It can take part in an exhibition," thinks the elephant. "I would like to know what my friends think of this painting." That's why he invites some friends to visit him.

El elefante enseña los cuadros a sus amigos y dice:

—Este es mi cuadro favorito. Creo que puede participar en una exposición. ¿Qué pensáis? ¿Os gusta?

El cocodrilo mira el cuadro con atención y dice:

—Solo veo árboles y el cielo. ¿Y dónde está el río? Yo vivo en el río. El río es el lugar más hermoso del mundo.

El mono mira el cuadro un rato largo y pregunta:

—¿Dónde están los plátanos y las palmeras? Las palmeras son los árboles más bonitos del planeta. Especialmente cuando tienen plátanos.

—¡Nieve! ¡El cuadro tiene que tener mucha nieve! —dice el pingüino—. ¡La nieve es lo mejor del mundo!

—No les escuches —dice el cerdo—. En el cuadro

The elephant shows the paintings to his friends and says:

"This is my favorite painting. I think it can take part in an exhibition. What do you think? Do you like it?"

The crocodile looks at the painting attentively and says:

"I only see trees and the sky. And where is the river? I live on the river. The river is the most beautiful place in the world."

The monkey looks at the painting for a long time and asks:

"Where are the bananas and palm trees? Palm trees are the most beautiful trees on the planet. Especially when they have bananas."

"Snow! The painting must have lots of snow!" says the penguin. "Snow is the best thing in the world!"

"Don't listen to them," says the pig. "There must be

tiene que haber barro. Bañarse en el barro es muy agradable. El barro hace feliz a todo el mundo.

Los invitados se van a casa y el elefante comienza a pintar un cuadro nuevo. Esta vez, en el cuadro hay de todo: un río, plátanos, palmeras, nieve, barro e incluso miel. "Voy a pintar miel porque mi amigo el oso también va a venir. Le gusta mucho la miel", piensa el elefante.

Una semana después, los animales visitan de nuevo al elefante para ver su nuevo cuadro:
—¿Qué pensáis esta vez, amigos? —pregunta.

Los amigos miran el cuadro y dicen:
—¿Nieve y palmeras? ¿Barro y miel? Esto no es un paisaje de verdad. ¡El otro cuadro era mucho mejor!

mud in the painting. Bathing in mud is very pleasant. Mud makes everyone happy."

The guests go home, and the elephant begins to paint a new painting. This time, there is everything in the painting: a river, bananas, palm trees, snow, mud and even honey. "I'm going to paint honey because my friend the bear is also going to come. He likes honey a lot," thinks the elephant.

A week later, the animals visit the elephant again to see his new picture:

"What do you think this time, friends?" he asks.

The friends look at the painting and say:

"Snow and palm trees? Mud and honey? This is not a real landscape. The other painting was much better!"

Ejercicios

---

1 Pon las frases en el orden correcto:
Put the sentences in the correct order:

1. El elefante pinta un cuadro con árboles, el cielo y el sol.
2. El cerdo piensa que el cuadro tiene que tener barro.
3. Los amigos dicen que el otro cuadro era mucho mejor.
4. El elefante enseña su cuadro favorito a sus amigos.
5. El cocodrilo dice su opinión sobre el cuadro.
6. El elefante pinta un cuadro nuevo que tiene de todo.

2 ¿Verdadero (V) o falso (F)?
True or false?

1. El cocodrilo pregunta por el barro.
2. El cuadro del elefante participa en una exposición.
3. Al mono le gustan las palmeras y los plátanos.
4. El cerdo piensa que bañarse en el río es muy agradable.
5. Al elefante le encanta pintar paisajes.
6. El elefante pinta miel para su amigo el oso.

3 Completa las frases con las siguientes palabras:
Complete the sentences using the following words:

atención / rato / colores / mejor
feliz / museo

1. El elefante quiere ver sus cuadros en un _____ .
2. El cocodrilo mira el cuadro con _____ .
3. El pingüino piensa que la nieve es lo _____ del mundo.
4. El elefante tiene lápices de _____ .
5. El mono mira el cuadro un _____ largo.
6. El cerdo dice que el barro hace _____ a todo el mundo.

4 Combina las columnas:
Combine both columns:

1. El elefante quiere participar en una   a. agradable
2. El elefante tiene todo tipo de   b. de todo
3. En el nuevo cuadro hay   c. exposición
4. Para el cerdo, bañarse en el barro es   d. pingüino
5. La nieve le gusta mucho al   e. nuevo
6. Los animales visitan al elefante de   f. pinturas

Soluciones

Ejercicio 1: El orden correcto es 1, 4, 5, 2, 6, 3
Ejercicio 2: 1–F, 2–F, 3–V, 4–F, 5–V, 6–V
Ejercicio 3: 1–museo, 2–atención, 3–mejor, 4–colores, 5–rato, 6–feliz
Ejercicio 4: 1–c, 2–f, 3–b, 4–a, 5–d, 6–e

Ricos y pobres
Rich and poor

Vocabulario

1. rico	rich
2. pobre	poor
3. ciudad	city
4. piscina	swimming pool
5. padre	father
6. hijo	son
7. por supuesto	of course
8. fin de semana	weekend
9. agricultor	farmer
10. invitado	guest
11. trabajar en el campo	to work in the fields
12. verdura	vegetables
13. fruta	fruit
14. huerto	garden, vegetable garden
15. fuera	outside
16. por la tarde	afternoon, in the afternoon
17. dar las gracias	to thank
18. por la noche	at night
19. estrella	star
20. cerradura	lock
21. puerta	door
22. dormir	to sleep
23. bañarse	to swim (in a pool, lake)
24. pronto	early
25. después de un rato	after a while

Ricos y pobres

En la ciudad vive una familia rica. Lo tienen todo: dinero, una casa grande, piscina y un automóvil caro. El padre quiere mucho a su hijo. Cada día juegan juntos en la piscina, pasean por la ciudad y comen en un restaurante. Un día, el hijo pregunta:

—Papá, ¿nosotros somos ricos o pobres?

El padre piensa: "Por supuesto que somos ricos. Pero mi hijo debe entender esto él solo".

—Tengo una idea estupenda —dice el padre—. Este fin de semana vamos a ir al pueblo. Allí vive mi buen amigo Antonio. Vamos a dormir en su casa. Después sabrás si somos ricos o pobres.

Rich and poor

In the city lives a rich family. They have it all: money, a big house, a swimming pool and an expensive car. The father loves his son very much. Every day they play together in the pool, go for walks in the city and have lunch at a restaurant. One day, the son asks:

"Dad, are we rich or poor?"

The father thinks: "Of course we are rich. But my son must understand this for himself."

"I have a great idea," says the father. "This weekend we are going to the village. My good friend Antonio lives there. We are going to sleep at his house. Then you will know whether we are rich or poor."

El padre sabe que su amigo es un agricultor pobre. Tiene una casa pequeña y una familia grande. "Mi hijo va a ver cómo viven las personas pobres. De esta forma entenderá que somos ricos", piensa el padre.

El sábado, el padre y su hijo van al pueblo. A Antonio le gusta tener invitados en su casa. El padre y su hijo trabajan todo el día en el campo. Después, se bañan en el río y comen verdura y fruta del huerto. Por la noche duermen fuera, porque la casa es muy pequeña y no hay sitio para todos. Al día siguiente, se despiertan muy pronto. Hay que dar de comer a los animales.

El domingo por la tarde, el padre y su hijo se preparan para volver a casa. Le dan las gracias a Antonio y regresan a la ciudad. Después de un rato, el padre mira a su hijo y le dice:

The father knows that his friend is a poor farmer. He has a small house and a big family. "My son is going to see how poor people live. This way, he will understand that we are rich," thinks the father.

On Saturday, the father and his son go to the village. Antonio loves to have guests at his house. The father and his son work in the fields all day long. Afterward, they swim in the river and eat vegetables and fruit from the garden. At night, they sleep outside because the house is very small and there is no room for everyone. The next day, they wake up very early. The animals need to be fed.

On Sunday afternoon, the father and his son get ready to go back home. They thank Antonio and go back to the city. After a while, the father looks at his son and says:

—¿Qué piensas? Ahora ya sabes cómo vive un agricultor en el pueblo y sabes cómo vivimos nosotros. Ahora puedes responder a tu pregunta: ¿nosotros somos ricos o pobres?

—Sí, papá. Claro que puedo —responde el hijo—. Nosotros no tenemos perro, y tu amigo Antonio tiene cuatro. Nosotros tenemos una piscina, y él tiene un río y un lago. Por la noche, nosotros encendemos la lámpara, y él tiene estrellas en el cielo. Nuestra puerta tiene cerradura. Antonio no la necesita porque todas las personas en el pueblo son sus amigos. Ahora lo entiendo: nosotros somos pobres.

"What do you think? Now you know how a farmer lives in the village, and you know how we live. Now you can answer your question: are we rich or poor?"

"Yes, Dad. Of course, I can," replies the son. "We don't have a dog, and your friend Antonio has four. We have a swimming pool, and he has a river and a lake. At night, we switch on the lamp, and he has stars in the sky. Our door has a lock. Antonio doesn't need one because all the people in the village are his friends. Now I understand: we are poor."

Ejercicios

1 Pon las frases en el orden correcto:
Put the sentences in the correct order:

1. El padre tiene una idea estupenda.
2. El padre y el hijo trabajan en el campo todo el día.
3. El hijo pregunta a su padre si son ricos o pobres.
4. El hijo dice al padre que ellos son pobres.
5. El padre y su hijo van al pueblo.
6. El padre y el hijo regresan a la ciudad.

2 ¿Verdadero (V) o falso (F)?
True or false?

1. Antonio no tiene perro.
2. El padre piensa que su familia es rica.
3. Antonio tiene una familia pequeña y una casa grande.
4. En el pueblo el padre y el hijo se bañan en el río.
5. El padre y el hijo nunca juegan en la piscina.
6. Antonio no necesita una puerta con cerradura.

3 Completa las frases con las siguientes palabras:
Complete the sentences using the following words:

pasean / volver / despiertan / encendemos
entender / comer

1. Por la noche, nosotros _____ la lámpara.
2. En el pueblo el padre y el hijo se _____ muy pronto.
3. Somos ricos. Pero mi hijo debe _____ esto él solo.
4. El domingo el padre y el hijo se preparan para __ a casa.
5. Por la mañana hay que dar de _____ a los animales.
6. Cada día el padre y el hijo _____ por la ciudad.

4 Combina las columnas:
Combine both columns:

1. Antonio es un agricultor   a. caro
2. El padre y el hijo trabajan en el   b. pobre
3. A Antonio le gusta tener   c. cielo
4. Tienen un automóvil   d. campo
5. Comen verdura y fruta del   e. invitados
6. En el pueblo hay estrellas en el   f. huerto

Soluciones

Ejercicio 1: El orden correcto es 3, 1, 5, 2, 6, 4
Ejercicio 2: 1–F, 2–V, 3–F, 4–V, 5–F, 6–V
Ejercicio 3: 1–encendemos, 2–despiertan, 3–entender, 4–volver,
5–comer, 6–pasean
Ejercicio 4: 1–b, 2–d, 3–e, 4–a, 5–f, 6–c

Un pez demasiado pequeño
Too small a fish

Vocabulario

1.	demasiado	too, too much
2.	pequeño	small
3.	lejos	far
4.	invierno	winter
5.	primavera	spring
6.	hambriento	hungry
7.	levantarse	to get up
8.	desayunar	to have breakfast
9.	pescado	fish
10.	sabroso	tasty
11.	sentarse	to sit
12.	piedra	stone
13.	esperar	to wait
14.	al lado de	next to
15.	pata	paw
16.	viejo	old
17.	rico	tasty
18.	hora	hour
19.	aparecer	to appear
20.	feo	ugly
21.	triste	sad
22.	comer	to eat
23.	sin	without
24.	moraleja	moral
25.	valorar	to value

Un pez demasiado pequeño

En un bosque muy lejos de aquí, vive un oso. En invierno, el oso duerme profundamente. En primavera, se despierta y tiene mucha hambre. El oso se levanta y dice:

—¡Qué hambre tengo! ¿Qué hay para desayunar? Hace mucho tiempo que no como pescado. Voy a desayunar un pescado grande y sabroso.

El oso va al río. El agua del río está fría, pero hay muchos peces. El oso pesca muy bien. Se sienta en una piedra y espera. Quiere un pez grande. De repente, el oso ve un pez al lado de la piedra. Lo pesca rápidamente con su pata. Mira el pescado y dice:

Too small a fish

In a forest, very far from here, lives a bear. In winter, the bear sleeps soundly. In spring, he wakes up and is very hungry. The bear gets up and says:

"I'm so hungry! What's for breakfast? It's been a long time since I've eaten fish. I'm going to have a big and tasty fish for breakfast."

The bear goes to the river. The river water is cold, but there are many fish. The bear fishes very well. He sits on a stone and waits. He wants a big fish. Suddenly, the bear sees a fish next to the stone. He quickly fishes it with his paw. He looks at the fish and says:

—Bah, este pez es demasiado pequeño para mí. Soy grande y estoy hambriento. Quiero un pescado más grande.

El oso suelta el pez y se sienta de nuevo. Después de media hora, ve otro pez. El pez nada muy despacio y casi no se mueve. El oso lo pesca con la pata, lo mira y dice:

—Este pez es viejo. Seguramente no está rico. Soy grande y estoy hambriento. Quiero un pescado más joven.

El oso suelta el pez de nuevo y espera. Esta vez espera durante mucho tiempo. Después de una hora, aparece un pez. Pero tampoco le gusta al oso. Piensa que es demasiado pequeño. Así que espera más, y más, y más. Pero todos los peces son demasiado pequeños o viejos o feos.

"Bah, this fish is too small for me. I'm big and I'm hungry. I want a bigger fish."

The bear sets the fish free and sits down again. After half an hour, he sees another fish. The fish swims very slowly and barely moves. The bear fishes it with its paw, looks at it and says:

"This fish is old. It certainly isn't tasty. I'm big and I'm hungry. I want a younger fish."

The bear frees the fish again and waits. This time he waits for a long time. After an hour, a fish appears. But the bear doesn't like it either. He thinks that it's too small. So he waits longer, and longer, and longer. But all the fish are either too small or old or ugly.

Ya es de noche. El hambriento oso va a casa. Está muy triste. No desayunó, ni comió, ni cenó.

—Qué estúpido soy —piensa el oso—. Todos los peces pequeños juntos eran como uno grande. Fue un error esperar. El pez grande nunca llegó. Ahora voy a dormir sin cenar.

Moraleja: a veces, cuando esperas demasiado, no consigues nada.

Aprende a valorar lo que tienes hoy.

It's night already. The hungry bear goes home. He's very sad. He didn't have neither breakfast, nor lunch, nor dinner.

"How stupid I am," thinks the bear. "All the small fish together were like a big one. It was a mistake to wait. The big fish never came. Now I'm going to sleep without dinner."

Moral: Sometimes, when you wait too long, you don't get anything

Learn to value what you have today.

Ejercicios

1 Pon las frases en el orden correcto:
Put the sentences in the correct order:

1. El oso se sienta en una piedra y espera.
2. El oso se despierta en primavera y tiene mucha hambre.
3. El oso pesca un pez y lo suelta porque no le gusta.
4. El oso quiere un pez grande y va al río.
5. El oso se va a dormir sin cenar.
6. El oso suelta al otro pez porque le parece demasiado viejo.

2 ¿Verdadero (V) o falso (F)?
True or false?

1. En invierno, el oso duerme profundamente.
2. Hay pocos peces en el río.
3. El oso va al lago para pescar.
4. El oso pesca muy bien.
5. El pez grande llegó por la noche.
6. El oso quiere un pez pequeño y joven.

3 Completa las frases con las siguientes palabras:
Complete the sentences using the following words:

juntos / bosque / de repente
valorar / demasiado / tampoco

1. El oso vive en un _____ .
2. Aparece otro pez, pero _____ le gusta al oso.
3. El oso dice que el pez es _____ pequeño para él.
4. _____ el oso ve un pez al lado de una piedra.
5. Aprende a _____ lo que tienes hoy.
6. Todos los peces pequeños _____ eran como uno grande.

4 Combina las columnas:
Combine both columns:

1. El oso se despierta y tiene mucha   a. hambriento
2. El oso quiere un pez grande y   b. despacio
3. El oso es grande y está   c. sabroso
4. El pez casi no se mueve y nada muy   d. rápidamente
5. El oso ve un pez y lo pesca   e. esperar
6. Fue un error   f. hambre

Soluciones

Ejercicio 1: El orden correcto es 2, 4, 1, 3, 6, 5
Ejercicio 2: 1–V, 2–F, 3–F, 4–V, 5–F, 6–F
Ejercicio 3: 1–bosque, 2–tampoco, 3–demasiado, 4–De repente, 5–valorar, 6–juntos
Ejercicio 4: 1–f, 2–c, 3–a, 4–b, 5–d, 6–e

El tiempo vuela
Time flies

Vocabulario

1. tiempo	time
2. tiempo	weather
3. volar	to fly
4. tortuga	tortoise
5. pasear	to go for a walk
6. deporte	sport
7. brillar	to shine
8. bocadillo	sandwich
9. zumo	juice
10. servilleta	napkin
11. gorra	hat
12. chaqueta	jacket
13. verano	summer
14. hace calor	it's hot
15. tomar el sol	to sunbathe
16. bañador	swimsuit
17. gafas de sol	sunglasses
18. toalla	towel
19. otoño	autumn
20. llueve	it rains
21. viento	wind
22. paraguas	umbrella
23. mojarse	to get wet
24. hace frío	it's cold
25. guante	glove

El tiempo vuela

En un lago vive una tortuga. Es vieja, pero muy activa. Le gusta mucho pasear y hacer deporte. Pero la tortuga tiene un problema: es muy lenta.

Estamos en primavera. El sol brilla. Hace buen tiempo. La tortuga sale de su casa y piensa:

—¡Qué día más bueno! ¡Hoy me voy de pícnic!

Primero, hace unos bocadillos lentamente. Después, pone los bocadillos en una cesta muy despacio. Además, coge fruta y zumo de naranja. El zumo de naranja es su favorito.

—Si cojo zumo, entonces necesito un vaso—, piensa ella y empieza a buscar un vaso sin prisa.

Time flies

In a lake, there lives a tortoise. She's old but very active. She loves going for a walk and doing sports. But the tortoise has a problem: She's very slow.

It's spring. The sun shines. The weather is nice. The tortoise goes out and thinks:

"What a fine day! Today, I'm going on a picnic!"

First, she makes some sandwiches slowly. Then she puts the sandwiches in a basket very slowly. She also takes fruit and orange juice. Orange juice is her favorite.

"If I take juice, then I need a glass," she thinks and starts looking for a glass without hurry.

Así, la tortuga busca primero un vaso, después servilletas y después una gorra y una chaqueta. Finalmente, sale de casa. ¿Y qué es lo que ve? ¡Ya es verano! Hace calor. Todos los animales toman el sol y se bañan en el lago. ¡Y la tortuga lleva una chaqueta!

—Yo también quiero bañarme —piensa la tortuga—. ¿Dónde está mi bañador?

La tortuga vuelve a casa y empieza a buscar el bañador. Coge el bañador, unas gafas de sol y una toalla, y sale de casa. ¿Y qué es lo que ve? ¡Ya es otoño! Todos los animales buscan setas y moras. Está lloviendo y sopla el viento. ¡Y la tortuga está en bañador!

—A mí también me gustan las setas y las moras —piensa la tortuga—. Pero necesito un paraguas. Me voy a mojar sin paraguas.

This way, the tortoise first looks for a glass, then for napkins and then for a hat and a jacket. Finally, she leaves the house. And what does she see? It's summer already! It's hot. All the animals sunbathe and swim in the lake. And the tortoise is wearing a jacket!

"I want to swim too," thinks the tortoise. "Where's my swimsuit?"

The tortoise goes back home and starts looking for her swimsuit. She takes her swimsuit, sunglasses and a towel, and leaves the house. And what does she see? It's autumn already! All the animals are picking mushrooms and berries. It's raining, and the wind blows. And the tortoise is wearing a swimsuit!

"I also love mushrooms and berries," thinks the tortoise. "But I need an umbrella. I'm going to get wet without an umbrella."

La tortuga vuelve a casa y empieza a buscar un paraguas. Finalmente, la tortuga está lista para coger setas. Sale de casa. ¿Y qué es lo que ve? ¡Ya es invierno! Está nevando. Hace mucho frío. Los animales esquían y juegan con la nieve.

—Yo también tengo esquíes —piensa la tortuga y vuelve a casa.

En casa busca los esquíes y unos guantes. Cuando la tortuga está lista para esquiar, sale de casa. ¿Y qué es lo que ve? ¡Ya es primavera! Hace buen tiempo.

—¡Qué día más bueno! —piensa la tortuga—. ¡Hoy me voy de pícnic!

The tortoise goes back home and starts looking for an umbrella. Finally, the tortoise is ready to pick mushrooms. She goes out. And what does she see? It's winter already! It's snowing. It's very cold. The animals are skiing and playing with the snow.

"I have skis too," thinks the tortoise and goes back home.

At home, she looks for skis and gloves. When the tortoise is ready to ski, she goes out. And what does she see? It's spring already! The weather is nice.

"What a nice day!" thinks the tortoise. "I'm going on a picnic today!"

Ejercicios

1 Pon las frases en el orden correcto:
Put the sentences in the correct order:

1. La tortuga quiere ir de pícnic y empieza a prepararse.
2. Los animales esquían y juegan con la nieve.
3. Esta lloviendo y sopla el viento.
4. La tortuga sale de casa y ya es verano.
5. La tortuga vuelve a casa para buscar un paraguas.
6. La tortuga de nuevo quiere ir de pícnic.

2 Verdadero (V) o falso (F)?
True or false?

1. La tortuga quiere ir de pícnic porque es verano.
2. En verano, la tortuga quiere bañarse y busca el bañador.
3. Los animales ayudan a la tortuga a buscar cosas.
4. La tortuga sale a coger setas y moras sin paraguas.
5. Cuando la tortuga está lista para esquiar, ya es primavera.
6. La tortuga tiene esquíes en casa.

3 Completa las frases con las siguientes palabras:
Complete the sentences using the following words:

hace / cesta / toman
gafas / sopla / lista

1. Estamos en primavera, _____ buen tiempo.
2. En verano los animales _____ el sol.
3. Está lloviendo y _____ el viento.
4. La tortuga pone los bocadillos en una _____ .
5. La tortuga está _____ para coger setas.
6. La tortuga coge unas _____ del sol y una toalla.

4 Combina las columnas:
Combine both columns:

1. La tortuga busca las cosas sin   a. lenta
2. La tortuga se pone una   b. prisa
3. Los animales juegan con la   c. brilla
4. Hace buen tiempo y el sol   d. nieve
5. La tortuga coge zumo de   e. chaqueta
6. La tortuga es activa, pero muy   f. naranja

Soluciones

Ejercicio 1: El orden correcto es 1, 4, 3, 5, 2, 6
Ejercicio 2: 1–F, 2–V, 3–F, 4–F, 5–V, 6–V
Ejercicio 3: 1–hace, 2–toman, 3–sopla, 4–cesta, 5–lista, 6–gafas
Ejercicio 4: 1–b, 2–e, 3–d, 4–c, 5–f, 6–a

Notas

Notas